PROBLEMAS EN EL PARAÍSO

PROBLEMAS EN EL PARAÍSO

LUCÍA VIÉITEZ

Valparaíso
EDICIONES

Número 495 de la Colección VALPARAÍSO DE POESÍA
dirigida por FEDERICO DÍAZ-GRANADOS

Diseño de colección y portada: Chari Nogales

Primera edición: mayo de 2025

© De los poemas: Lucía Viéitez
© Imagen de portada: Thomas Harris

© Valparaíso Ediciones
  C/ Fray Leopoldo, 7 bajo, 18014 Granada
  www.valparaisoediciones.es

  ISBN: 979-13-87538-54-5
  Depósito Legal: GR 701-2025

  Impreso en España - *Printed in Spain*
  Gráficas Gami

PROBLEMAS EN EL PARAÍSO

Para Julio,
que me arrinca sorrisos
e naceu para facer o meu mundo
máis soportable.

SUCEDE QUE YA NO SÉ ESCRIBIR

Sucede que ya no sé escribir,
las manos se me agarrotan y
empuño un lápiz
como el que cambia el boxeo por la danza.

Sucede que aporreo el papel
tanto o más que un teclado,
me impaciento porque la velocidad del golpe
no es la del poema.

Sucede que cuando escribo en negro
ya pensé en las tonalidades de grises
y que un tachón es más impactante
que el borrado impaciente perfecto.

Sucede que mis poemas
ya son lo que eran, imperfectos,
lo que no habían sido, pluscuamperfectos,
lo que nunca fueron, perfectos.

Sucede que mi vida
ya no es una pluma,
ni un poema,
ni la palabra oculta bajo la tirita.

Sucede que lo que se queda entre las líneas,
al borde de mí,
son palabras a las puertas

el misterio de lo no dicho
el secreto de lo no trazado.

OCTUBRE

No recuerdo un invierno tan frío como éste.
ÁNGEL GONZÁLEZ

El otoño tiñe la ciudad de octubre.
Es un tiempo apacible
de mudanza poderosa.
Nunca se había dado el caso
de perder el calor tan pronto
como en este año.
El mes se abría majestuoso
sabiendo que se arrastraba
a otra estación sin tregua.

TACTO Y CORTESÍA

Nos parecemos a los que amamos.
JEAN-PIERRE LÉAUD

He aprendido muchas cosas de Truffaut,
las más importantes:
cómo untar bien una tostada
sin que se rompa
y la diferencia entre tacto y cortesía.
Para que no se rompa una tostada
debes poner otra debajo.

EN LA COLA DE UN CINE

Escribo como escribo.
A veces deliberadamente mal,
para que os llegue bien.
GLORIA FUERTES

En la cola del cine
un Golden Virginia no sabe tan mal.
Doña Paula vende entradas sin parar
con una chaqueta de punto
y sus gafas de ver
de cerca o de lejos,
su mundo,
en un segundo,
termina cuando el mío acaba de comenzar.
María me pide,
antes de entrar,
una monedita
para poder merendar.

LA PARTIDA

Partir
en cuerpo y alma
partir.
ALEJANDRA PIZARNIK

Son las seis y media
de un futuro incierto
y no puedo dejar de pensar
en que ya te has ido
a preparar tu huida
con maletas de papá y mamá.

LOS MILAGROS CRUELES

*La época de los milagros crueles
estaba lejos de haber terminado.*
STANISLAV LEM

Ha terminado este verano
y se ha puesto a llover.
Se oyen los ecos de las fiestas.
Otra estación que comienza
con la esperanza
de volver a la rutina.
El cielo se desangra
anunciando un remoto día despejado.
El sol picado de viruela
intenta deslumbrar el pasado.
El cadáver del presente
sigue aquí
conmigo
intentando calentar mi reposo.

EDADISMO DEL POETA

Los relojes me espantaban como el rodar de la silla
ortopédica de mi hermana.
AURORA VENTURINI

Fui poeta precoz
a los seis años escribí mis primeros versos,
llenos de mariposas, luces y un candil;
a los doce, mi primera novela,
a dos colores,
se titulaba Christine;
a los veinte me imaginaba siendo un talento emergente;
a los treinta, todavía podía ganar
un premio de poesía joven.
Dentro de unos meses habré cumplido cuarenta
y sigo escribiendo en post-it
ideas que nunca continúo,
mis libretas
se acumulan en cuartos llenos de humedad,
y ya no seré nunca una revelación juvenil,
«el éxito le llegó tarde» reirán.
Mientras
observo lo que me rodea
encuentro futuros prometedores,
instantes ocupados,
artistas conscientes,
mientras pierdo el tiempo en intentar alcanzar mi edad.

CASUALIDAD I

Te encontré mientras buscaba a otro.

CASUALIDAD II

Encontré a otro mientras te buscaba.

VENCEDORES O VENCIDOS

Tener razón en un conflicto
no te convierte en vencedor
sino en pervertidor
de la verdad
que se dobla
bajo el empuje del enfrentamiento.
Cuando uno va a la guerra
puede
o debe
llevar escudo.
No es lógico
quejarse de las heridas
si no has intentado
por todos los medios
protegerte,
o quizá tu estrategia
sea cerrar los ojos al miedo
para evitar ver el daño
pues el dolor
a campo abierto
nos acompaña
en la contienda
recordando
la vulnerabilidad de la vida.

DEDICATORIA

Ayer fue la Feria del Libro de Madrid.
Un hombre
de pitillo perpetuo
y cocacola reemplazable
firmaba,
de vez en cuando,
sin importar si el bolígrafo
rozaba el papel,
unos libros de poemas.
No había mucha gente
y me acerqué,
para respirar el mismo aire que el poeta.
Le puse cara a esa literatura cadavérica
y ensoñadora,
y mal llamada maldita.
Me compré uno de sus libros,
me cobraron con desdén,
como el cuidador del zoo
que desprecia a los visitantes.
No me miró
se asomó inmundo
y me lo arrancó de las manos.
Me lo firmó desde la indiferencia
sin apoyar el cigarrillo en el plato

y apurando la lata.
Lo tengo aquí
cada vez que lo veo
puedo leer tu dedicatoria
«que te den por culo, hija de puta».
Eso creo. Es lo que yo habría puesto.
No se entiende nada.
La ilegibilidad de un genio.

PADRE

Quiero ser optimista
y poder sobrevivirte.

PROBLEMAS EN EL PARAÍSO

—Mi amor —decía él.
—Mi vida —contestaba ella.
Flotaban en una burbuja azulada.
Se cogían de las manos
y sentían que nunca habían tenido
un amor igual.

—Mi vida —repetía él
en un alarde de originalidad
y la agarraba por la cintura.
Ella recibía las caricias con ternura
como si nunca la hubieran
o hubiesen abrazado.

Transcurrido el tiempo
me escondí en una esquina
aguardando el primer desliz.
Quería comprobar
que todas las tragedias
son universales.
No esperé mucho.
En la primera colada blanca
viajaba un calcetín rojo.

MOTIVO (I)

Escribir sin tinta
es como abrazar un árbol.

MOTIVO (II)

Bailar sin movimiento
como quien atrapa el aire con las manos.

MOTIVO (III)

Quererte.
Abrir los ojos en el instante
en el que despiertas a la vida.

ENCUENTRO

Te tembló la voz.
Fue un segundo o menos,
hablabas con entusiasmo,
con las ganas que siempre vistes,
y no me dejabas intervenir.
Yo me sonreía pensando en tu dedicado discurso,
pero te tembló la voz
y me volví
como entendiendo lo que había ocurrido.
Te tembló
y sí,
apenas fue perceptible,
y la vi,
su recogida melena giraba la esquina
y tu voz quebradiza con ella,
te paraste en un escaparate
recuperando el hilo
para maldecir los adornos de la temprana Navidad.

PAN COMO PARA UNA BODA

Quiero ir con aquél a quien amo.
BERTOLT BRECHT

Éramos ocho a cenar,
uno, casi sin edad, se durmió
ya solo quedamos siete.

Éramos siete a cenar,
una se levantó a recoger,
ya solo quedamos seis.

Éramos seis a cenar,
uno se emborrachó,
ya solo quedamos cinco.

Éramos cinco a cenar,
una se murió,
ya solo quedamos cuatro.

Éramos cuatro a cenar,
otra le lloró,
ya solo quedamos tres.

Éramos tres a cenar,
otro no quiso ir,
ya solo quedamos dos.

Éramos dos a cenar,
uno le dio al otro de comer,

eso sí,
sobró pan como para una boda.

METAFOTOGRAFÍA

Cuando busco imágenes
reviso sombras que aparecen por casualidad,
asomadas,
despistadas,
desconocidos a los que les he raptado momentos
y es justo que les devuelva
su mortalidad.
Juego a qué harían en ese momento.
Me imagino sus vidas,
si tienen hijos,
a qué se dedican,
si habrán sido infieles
o acaban de dejar su trabajo,
si les habrán dado una buena noticia
o una fiebre les ha sorprendido,
invento sus aficiones,
y hasta su muerte,
en ocasiones violenta.
Me divierto encontrándomelos en el supermercado,
¿de qué hablaríamos?
Les pongo un nombre:
—¿verdad, Ernesto?
—Ahora tengo prisa, Luisa.
Pero lo que más me inquieta
es si alguien
                inventa un instante
con alguna alegoría mía.

NO ME GUSTAN LOS ARQUITECTOS

Me oculto bajo la escalera serpenteante de aquel edificio,
no una cualquiera,
fue la que desencadenó la discusión,
la que nos resguardó de la lluvia,
la eterna,
sí, aquella,
la recuerdas igual que yo.
No regresamos allí,
ni cumplimos nuestros planes,
para qué repetir esas promesas,
no cenamos, ni salimos,
ni fuimos anfitriones en aquella nuestra casa,
sí, digo casa y no hogar,
nos negamos a dejar abandonada la estancia,
aquí, o todos o ninguno, repetías,
pues ninguno,
nos sepultamos en un amarillo juego de espejos,
y ahí seguimos,
«¿ya es de día?», dice Olivia,
y como los pajaritos de Passolini,
le contesto a los niños,
«¡seguid durmiendo!¡no es de día!
¡todavía es de noche!»
solo para que no sepan
que no tengo con qué acallar su hambre.

TÚ, EN LA FRONTERA DE TODOS
LOS CAMINOS

La mayor gloria del amor es
abandonar o que te abandonen.
FRANCISCO UMBRAL

Apenas una hora para la medianoche
y ya me creo envejecida
con ojos esmerilados y febriles
como un niño bien que trasnocha.
Vuelvo a ti en cada parpadeo,
como si tatuado en el reverso de la piel
surgieses como un fotograma
y no recuerdo el día
en que no ocuparas algún minuto
o un respiro,
un rememorar el pasado,
un yo sin ti que asumido
se clava sin astillarme,
una cobardía que en firme
faltó legitimar ante notario:
era lo correcto,
fui lo correcto,
no hay vuelta atrás,
pero sin duda,
mi nuca apunta hacia ti
como un mirador que
sin barandilla
arroja su belleza en crudo
y me pregunto si en otra vida

coincidiremos.

La respuesta solo la tiene Cortázar.

Después de todo.

POR SUPUESTO QUE HOY

Uno se pasa la vida atreviéndose a ser.
GIOCONDA BELLI

Hoy, otro poema que comienza igual
hoy, sin más significado que el presente
hoy, tres letras, una moda
hoy, palabra breve que encierra muchos momentos
hoy, precisamente
hoy, tenía que pensar en ti
hoy, has vuelto después de años
hoy, pienso en lo que pudo ser
hoy, sigo sin atreverme
hoy, soy lo que fui sin ser lo que soy
hoy es el murmullo perpetuo del ayer.

MADRE

No me contaste que los besos podían saber a cerveza
ni que el tabaco en la ropa destroza recuerdos,
no me explicaste cómo evitar las manos ásperas
y la torpeza de las palabras con el llanto.
Madre, solo alentaste la duración de las condenas,
el aguante como deporte olímpico
y el castigo para el disfrute más puro.

CAMPO ALEGRE DE BATALLA

Y aunque la muerte gane la partida,
todo es un campo alegre de batalla.
RAFAEL ALBERTI

En la vigilia, la muerte acecha.

EL PLACER DE LO INOCUO

Me encanta cómo mi hija mayor
hace girar el rollo de papel higiénico
con despreocupación,
con ligereza.
Yo lo aprieto,
lo hundo
y lo sangro
con el placer de lo inocuo.

XOGUETES DE NENAS

Me has dicho, Elena, que querías un juguete de niñas.
De nenas, meu amor, son as risas
non os xoguetes.

EL INVITADO DE INVIERNO

Veo a través de mi mano.
Veo como corre la sangre.
Es el tiempo que se me va a toda prisa.
Es hora de que me corte el pelo
para que un chico me lo toque.
Un hombre que me lo acaricie.
Han pasado años.
Demasiados años.
ALAN RICKMAN. 1997. *THE WINTER WEST*

El frío lo cubre todo
y sientes pinchazos en los pies,
en las manos
humedad y hielo.
Dejas de respirar
para detener el dolor
de una ausencia.
El frío se clava.
Nada más hermoso
que el calor que desprende una hoguera
que consume los minutos
que no tenemos.

ME TEMO

Me temo,
que la mano que se acerca a tu calidez
apenas te roza
y la voz que escucho detrás de mis párpados
no es la tuya
y el aliento que me susurra
no lleva tu nombre.
Me temo,
que no te arranco de ningún rincón
que no te busco en lo tenebroso de mi sueño
y camino solo para tropezarte
y es por eso,
que cuando me despierto
se ha acabado el día
y todo me parece noche
para morir con mi denuedo.

LO COTIDIANO

Lo que me gusta de ti es que me sorprendas,
que no cojas el teléfono cuando te cuento
que Marta ha ido al cine con un amigo
o que quiero comprar el coleccionable de los domingos.
Lo que me gusta de ti es que me dejes abrir el periódico
y tirar en el cubo amarillo el plástico
y en el azul el cartón
y en el verde,
no sé,
los sucesos.

SI ME DESEAS

Si me deseas
humedece los labios
si, y solo si
te destroza no besarme
recoge un mechón entre tus dedos
y deslízalo detrás de tu oreja.

Si no aguantas
verme delante
impasible
haz algo,
suéltate el cabello
y oblígame a comerte
con los ojos.

Porque cuando esté en tu lecho
y los dos abracemos la felicidad
nos sentiremos tan vacíos
que ese soplo
no habrá merecido la pena
sin el camino recorrido.

YO SÉ QUE EL DÍA QUE QUIERES
NO EXISTE

Yo sé que el día que quieres no existe
es imposible que contenga treinta y seis horas
y me faltarían las del sueño,
que por ser generosa serían cinco.

Intento que tu movimiento
que acelera
y mi ritmo caribeño,
no choquen,
que huyan,
pero son un tsunami en una playa
que causa estragos.
Qué se le va a hacer,
ahora, el día que suceda,
el caos será armonía,
nunca habrá un mundo tan bien organizado.

LES ENGAÑAREMOS

Les diremos: «no es mejor quien abandona la lucha, sino el que evita el conflicto».
Les rebatiremos: «no reposa mejor quien más duerme sino el que mejor descansa».
Les susurraremos: «no es más libre el que lo grita sino el que lo intenta».
Les aseguraremos: «no es peligrosa la pistola sino la mano que la empuña».
Ya estamos preparados.
Salta tú primero.

MI PEQUEÑA

Mi pequeña Julia
me mira
con
sus ojos
enormes piñones insomnes
y habla
rapiveloz
con dulzura gutural
sonido muevemundos,
al menos,
uno,
el mío.

TODO LO QUE SÉ

Sé que tu bondad puede hacer daño
y que la línea que separa el primer beso
del sexo,
se desdibuja cada día.
Sé que todo irá bien porque no temo el final,
y porque es un hecho que no presenta retorno.
Sé que podría haber aguantado
y detener el irrefrenable deseo de la huida.
Sé que os hago daño
y que herí consciente tu avergonzado alivio
sé que estás decepcionado
o triste
pero no sé cómo contestarte
sé que me precipito día tras día
y que nunca llego a recuperarme.

MUERTE ORDINAL

Vivir era ir muriendo día a día.
MIGUEL DELIBES

Le dijo a su madre que no quería vivir más,
que se preparase para el momento
en el que tuviera
que afrontar su partida.
Ella le recriminó
el hecho
de que lo hiciera mientras ella aún viviera,
no sería capaz de soportar
el dolor.
Al día siguiente,
cuando entró en casa,
encontró una nota:
«Es cierto. Primero tú».
Cuando levantó la cabeza
ya tenía un aguijón en la espalda.
Al girarse,
sonrió levemente reconfortada
antes de expirar.

LA DESILUSIÓN

Ocurre a todas horas,
somos tú y yo,
y el mañana que se acerca
como niños viejos
que escriben esto y lo otro,
y les afecta la normalidad,
y buscan los contrastes.

Ocurre a todas horas,
que el tin tin que resuena en la ventana,
te requiere una atención constante.
Alzas la vista
y te sorprendes
de la sencilla manera
de llamar nuestra atención.

Ocurre a todas horas,
que nos sentimos atrapados
en una simplicidad
interminable
y, en cierto modo,
no sé,
en la desilusión del sinsentido.

DESPUÉS DE LA TEMPESTAD

Después de la tempestad, viene la calma,
pero si la tempestad no llega
la calma nos inquieta.

MOTIVO POÉTICO

Pero son los amores inconclusos los que viven para siempre como
un motivo poético.
PIEDAD BONNETT

La tristeza más profunda
se ha adueñado de mí.
Intento llenar tu vacío
con presencias huecas
que no calman el deseo.

Es un castigo cruel
poder saborear otro cuerpo
que sé que no es el tuyo,
despiadado
que me quiere
incluso en vano.

Me carcome la desdicha de intuir
que nunca más tendré que esperarte
al terminar el día
cuando los minutos eran horas
y los segundos promesas de regreso,
los estaría reviviendo una y otra vez
solo con la esperanza
de que mis ensoñaciones
alivien mi poema inconcluso.

NO TE EQUIVOQUES

Señora,
si quiere ser mi compañera
debe conocer
lo imprescindible:
un beso antes de la patada
una caricia antes del mordisco
un masaje antes del desgarro
pero, ay compañera,
si te equivocas
y lo inviertes
te perseguiré
hasta provocarte un placer tan inmenso
que cuando te abandone
jamás podrás vivir sin mí.

TE HABLARÉ CON SENCILLEZ

Te hablaré con sencillez
de toda la que soy capaz
con palabras que se desvían de ser
todo lo verdaderas que quisiera,
pero son las que obtengo,
de las miles de cosas
que me recuerdan que
no puedo escribir una letra
sin tachar la siguiente
y me sucede
que comprendes mejor lo que no te digo
porque está velado,
recóndito en alguna parte de mí,
pero lo que a simple vista
parece espontáneo
lo que no me cuesta mostrarte
con el aliento estremecido
no le prestas atención
esperas a que lo codifique
con incógnitas y acertijos
que escapan a mi razón
turbando la serenidad
de mi discurso
y cuando digo
«te quiero»
tengo que traducir
«sí, tu alma ha llenado el vacío de mi vida»
y cuando digo

«me muero»
lo convierto en
«el postrer resuello ha ajado mis labios»
y con esta desproporcionada perorata
me voy
con la música a otra parte
y quizá esto lo entiendas
cuando digo
«mentiría si te dijera que estaré contigo para siempre»
y te daré tiempo
para que logres deducirlo sin mi colaboración.

ÍNDICE